कवि की भूमिका

यकीन जानिए, कविता संग्रह के तृतीय संस्करण की भूमिका लिखते हुए, जो प्रसन्नता कवि को हो सकती है, मुझे हो रही है! किंतु यह खुशी बीच में फैली पुस्तक की गुमनामी व अनुपलब्धता के लम्बे दौर से कुछ क्लांत है!

2005 में भारतीय ज्ञानपीठ द्वारा, *परछाईं की खिड़की* पुस्तक की पाडुलिपि के *ज्ञानपीठ नवलेखन पुरस्कार* से नवाज़े जाने पर उसका पहला संस्करण हुआ था। पुस्तक का दूसरा संस्करण भी उसी वर्ष आ गया था। फिर एक दिन भारतीय ज्ञानपीठ बंद हो गया। ऐसे संस्थान का बंद होना लेखक-पाठक समाज के लिए दुःखद है। तब एक अरसे तक ज्ञानपीठ द्वारा अन्य प्रकाशित पुस्तकों के साथ, यह पुस्तक भी अंधेरे तहखानों में खोई रही। वाणी प्रकाशन से इस पुस्तक का दोबारा प्रकाश में आना राहत की सांस है।

इन बीसेक बरसों में हिन्दी में कविता बदस्तूर लिखी जाती रही है। उसका स्वर स्वभाव कुछ बदला है। यह युग परिवर्तन है, जो मनुष्य के रचे संसार में बहुत कुछ और के भी आमूलचूल बदल जाने का द्योतक है। हमारे बोल-चाल, खान-पान, रहन-सहन, भाषा-व्यवहार में इतना फर्क आया है कि कभी लगता है दादी होतीं तो इस बदली दुनिया का सिर पैर न समझ पातीं!

फिर भला साहित्य, कला, संस्कृति इस युग परिवर्तन से अछूते कैसे रह सकते हैं? परिवर्तन कविता के पक्ष में है या विपक्ष में, यह उतना मायने नहीं रखता, जितना यह इल्हाम कि चुनौतियां बढ़ी हैं। डिजिटल घोड़े के पंखों पर सवार, भूमंडलीकरण का यह सरपट युग, भाषाओं, संस्कारों, संस्कृतियों के बिना चेतावनी विलुप्त होते जाने तथा व्यक्ति व समाजों के तेज़ी से एकरस होते जाने का भी युग है।

किंतु बदलते युग मूल्यों के पार, भाषा के स्खलन व अर्थों के सपाटपन से आतंकित हुए बगैर, शब्दों में चमत्कार सिरजने का हठ ही क्या कवि की पहचान नहीं रही है? कवि वही– जो बकौल ईरानी कवि फरूग़ फरूखज़ाद के– 'सिर्फ कविता लिखते वक्त कवि नहीं होता!' उसके बाहर भी कवि रहा आता है। जिस पर जीवन की चमकीली आंख में प्रतिबिम्बित कविता को देखने-सुनने, तथा अपने देखने-सुनने को भाषाबद्ध करने का दोहरा दायित्व है। आखिर कवि ही तो भाषा का वह अंतरंग आत्मीय भी है जिस पर वह अपना सूक्ष्म स्वरूप उजागर करती है!

भाषा मनुष्य की अनन्य खोज है। उसे अन्य जीवों से अलगाने के साथ वह उसे आत्म-चेतस बनाने का काम भी करती है। यह आत्म-चेतना ही फिर उसमें अनुभूति के सूक्ष्मतम साक्षात्कार की कामना भी जगाती है। मनुष्य के अंतस में अनुभूति को सूक्ष्मतर

की कगार पर जाकर परसने की उत्कंठा; अकथनीय अनुभूतियों को भाषाबद्ध करने की लालसा, भाषा की ही जगाई लौ है। वही कवि की अभीप्सा है। प्रकाश का विमर्श भी।

साहित्य के हमारे पुरखे जानते थे भाषा को जितना मनुष्य ने बनाया है, उतना ही भाषा ने उसे बनाया है। कवि ही वह जीव है जो भाषा और काव्य के इस कोमल, गहन अंतर्संबंध को जानने समझने का दम भरता है। मनुष्य के इतिहास में काव्य जिस रहस्यपूर्ण ढंग से भाषा को तोड़ने-गढ़ने का काम करता आया है, कवि उसका अंतरंग साक्षी रहा है। काव्य हृदय संवाद की भाषा है। और बकौल विद्यानिवास मिश्र के- हृदय संवाद और कुछ नहीं, सहज होकर एक दूसरे का सुख-दुःख पहचानना है। जिस दिन काव्य की आत्मिक ज़रूरत खत्म हो जाएगी, या मनुष्य का भाषा से वह अंर्तसंबंध नहीं रह जाएगा, मनुष्य जीवन अपने आत्म से च्युत हो जाएगा।

हमारे अकेले होते समय में हृदय संवाद की यह भाषा ख़तरे में है, चूंकि वह ए. आइ. यानी आर्टिफीशियल इंटेलिजेन्स या कृतिम बुद्धिमत्ता और मनुष्य के बीच कोई पुल नहीं बनाती। भाषा मनुष्य का पुरातन आविष्कार है तथा कृतिम बुद्धिमत्ता उसका नवीन आविष्कार हैं। अपने नये नवेले आविष्कार से मोहित मनुष्य को ऐसा प्रतीत हो सकता है कि उसकी भाषा अब पुरानी पड़ गई है याकि उसकी ज़रूरत नहीं रही। किंतु गौर से देखने पर भूल स्पष्ट होती है- मानवीय संवाद का दारोमदार अब भी हृदय संवाद की उसी भाषा पर है।

इस बिंदु पर, महाकवि होल्डरलिन की बात: 'मनुष्य एक काव्यात्मक उपस्थिति है'– दृष्टव्य है। तो क्या हम कह सकते हैं कि कवि होना वध्य होना है?

बकौल चित्रकार विंसेंट वान गॉग के, कलाकार होना संसार में बहुत कुछ से इकट्ठे प्रेम करना है। और 'जा घट प्रेम ना संचरे, सो घट जान मसान' के कवि कबीर के लिए सही मायनों में मनुष्य होना भी प्रेम में पगे होना ही है। अगर कवि बहिणाबाई के शब्द-चित्र में भक्ति रूपी इमारत के शिखर पर कवि तुकाराम विराजते हैं, तो हमारे समय के मौलिक दार्शनिक यशदेव शल्य भी कवि को शीर्ष पर ही बिठलाते हैं। वे कवि को दार्शनिक से उंचा स्थान देते हैं, बशर्त्ते– ''वह प्रेम का दार्शनिक'' हो सके!

प्रेम को केन्द्रीय स्थान देने वाली कविता तथा संगीत, कथा, नाट्य, सिनेमा जैसी उसकी सहचर कलाएं ही संभवत: मनुष्य का वह कवच कुंडल है, जो उससे विमाता मांगे तो मांगे, कोई और नहीं मांग सकता! उसके घट में पैठा वह भाव ही उसका असली धन है जिसमें पग कर वह मनुष्य कहाता है।

'या घट अंतर बाग बगीचा, या ही में सिरजनहारा'!

शायद कविता हमारे समय की बची खुची मनुष्य-ता को जतन से सहेज लेने की कला का ही एक और नाम है।

चुनांचे, इस परम मानुषी कला में अपना भी एक बीज चुपके से मिट्टी में बो देने का यह अवसर सौभाग्य है। आशा है कविताओं को एक बार फिर उसके पाठक मिलेंगे और पाठकों को उनकी कविता!

परछाईं की खिड़की से

राजुला शाह

वाणी प्रकाशन ग्रुप

भारतीय ज्ञानपीठ

वाणी प्रकाशन : भारतीय ज्ञानपीठ की पुस्तकों के एकमात्र प्रकाशक एवं वितरक

सजिल्द पहला संस्करण : 2005
सजिल्द दूसरा संस्करण : 2005
सजिल्द तीसरा संस्करण : 2024
सजिल्द चौथा संस्करण : 2025

लोकोदय ग्रन्थमाला : ग्रन्थांक 763

वाणी प्रकाशन ग्रुप

4695, 21-ए, दरियागंज, नयी दिल्ली-110 002
फ़ोन : 011-23273167, 23275710
ईमेल : sales@vaniprakashan.in

परछाईं की खिड़की से
(कविता-संग्रह)
राजुला शाह

ISBN : 978-93-5775-623-5

मूल्य : **250**

मुद्रक : *सिटी प्रेस, दिल्ली-110 095 में मुद्रित*

Parchhain Kee Khidki Se
(Poetry Collection)
***by* Rajula Shah**

सुखिया सब संसार है खावै अरु सौवे।
दुखिया दास कबीर है जागै अरु रोवै॥

कविहृदय दार्शनिक यशदेव शल्य को

अनुक्रम

विस्मृति

बूँद की बड़ी-सी परछाईं
उस छाया में चिपके तिनके आर-पार
लड़खड़ाता भूरा दरवाजा
रुक गया सिरे पर
भूरे तने वाले
बरसते छाते से
कुछ लोग
तन गये
यहाँ वहाँ
लड़खड़ाते
उस दरवाजे के आसपास
बूँद पर फिसले
सँभले छाया पर
और टिक गये
मन ही मन...

संसार के सिरे पर

दिनों से मन में अनकही बातों का सुख था,
उलझन शब्दों के साथ थी
शब्द झूठे हों न हों, झूठे लगते

रेखाएँ, रंग, घिस्से और धब्बे भी कहते—पर वे जो कहते
तय अर्थों में बँधा न होता
हाँ को ना भी समझ सकते
और स्वप्न में दुःस्वप्न का आभास हो सकता
चूँकि वो 'कुछ' न होता जब तक आप उसे मान न लेते,
ढूँढ़ न लेते उसमें कुछ
दरवाजा खिड़की समझ कर खोल देते और हवा की जगह
हाथी चला आता

अनुभूति ये पकड़ से बाहर है,
नाम देने के लिए ही सही—एक अजीब अधूरापन
जब रंगों के बीच बैठो, तो एक बेचैनी, जो लगता है
बाहर निकलेगी,
पर या तो निकलती नहीं,
या निकल कर भी सुलझती नहीं, यूँ
अमूर्त भाव जो अमूर्त रूप ही लेता है
कभी छूता है, सुनाई देता है, कभी कुछ दीख भी पड़ता है

और
कभी पलट कर देखो तो छूट भी जाता है
ढूँढ़ा नहीं जाता उसे, वो मिल जाता है
कभी रंगीन पानी से भरे कटोरे में हिलते तिनकों की छाया में,
कभी किसी उजास रात में
अर्थ और तर्क से नहीं मिलता
वैसे भी नहीं मिलता
जो छूटता है उसे छूट जाने दो
ढीला छोड़ो
भूलो भी
कुछ याद पड़ता है,
धुँधला होता-सा...पकड़ो...
यह तो पहले भी कभी घट चुका है
ठीक इसी तरह,
पहले भी कहीं
यहीं
नहीं, यह जो धुएँ के धागे-सा उड़ रहा है उसे पकड़ना मुश्किल है,
उसे तैरने दो

बनारस कब का पीछे छोड़ दिया
बनारस लेकिन पीछा नहीं छोड़ता...
रेल के सींखचों के पार भी बनारस ही दिखता आया
साथ चल रहा है तभी से...
नीला अँधेरा, रात की नदी में दिये-सा बनारस
मन्दिरों की गूँज निकट से, दूर से
बनारस में डूबे, अपने में डूबे लोग
जीवन से भरे और उससे खाली—एक साथ ही
शायद बनारस में वही लोग हैं जो सदियाँ हुईं इस संसार में आये थे
जीवन से जुड़े, पीपल पात से—अब टूटा, तब टूटा,
पर जुड़ा रहता

संसार से अनुरक्ति न सही, विरक्ति भी क्योंकर हो?
संसार से वैराग्य भी संसार में ही न हो!
भले हा संसार के सिरे पर
संसार के इस फैले झमेले के सिरे पर—बनारस
गंगा के किनारे किनारे, बिना बीच के, ओर-छोर वाला एक शहर
जिससे सबके पास नदी है,
गति है
बनारस के लिए गंगा की गति काफी है
पैदल और रिक्शे को भी कहीं जाने की हड़बड़ी नहीं
प्रवाह तो है जीवन में—भगदड़ नहीं।
चारों तरफ इतना जीवन...इतना विराट रूप जीवन
कि 'कहीं नहीं है मरना'

उन्होंने अवधूत को विष के लिए याद किया।
वे चले आये
नीलकण्ठ जो कहलाना था
किसी को ना न कर पाते
हरएक के लिए खुले, मुक्त-हस्त दाता, थोड़े में रीझते—आशुतोष
उनका शहर इससे अलग फिर क्या होगा!
जितना गहरा, उतना ही पारदर्शी।
सरल-सा गूढ़...कुछ नीला अँधेरा।

दीवाली की रात में दिये-सा बनारस।
गाढ़े रंगों में यहाँ वहाँ से झाँकता रोशन पीला,
पलक झपकते बनारस।
कहीं भी आते जाते, डूबते उतराते,
झपक में बनारस दिख कर बिला जाता।
छूट गया है पीछे ओनों कोनों में कुछ।
जैसे आत्मीय कोई, जिससे दिनों दिन मिलना न हो,

पर इत्मीनान कि बदल कर भी आखिर कितना बदलेगा
आँवले का स्वाद!
विश्वास दिलाता शहर कि वह अपनी अद्भुत गति में
स्थिर बहता रहेगा, रहता रहेगा
वैसा ही मिलेगा, जब भी लौटना हो,
'भले ही बरस-दिन अनगिन युगों के बाद'

इतने गहरे धँसा बनारस
कि सामने उभरते हर बिम्ब में झाँक जाता।
रेल की खिड़की के पार,
कटोरे के गहरे गोल में,
समुद्र वाले शहर की रात में,
बन्द दरवाजे के इस तरफ छतरियों के नीचे कहीं,
बूँद की छाया में,
सदियों से चिपके उस भूरे गीले पत्ते में,
सुख में, दुःख में, और उसके आर-पार बिंधे जीवन में।
किसी भी ठाँव में, भाव में,
बनारस के रंग, चहुँ ओर...
नीला अँधेरा, रात की नदी और दिये-सा बनारस।

रंग, रेखाएँ और घिस्से उसे जान-बूझ कर नहीं खींचते,
तिर आता है अपने आप सतह पर—टुकड़ों में बनारस।
बूँद की विशाल छाया में हिलते तिनके
या सदियों से भीगा भूरा पत्ता?

बनारस से पहले भी था जीवन,
बनारस के बाद भी,
बस बनारस साथ है।
स्थिर अचल की याद साथ है,
सुख है गति में।

इस जनम में

अचरज हो तुम
एक दु:स्वप्न से जग
कमरे में
अलस्सुबह
परदे उड़ाते आती
हवा-सा अचरज।
इसके आगे मगर
मुझे कुछ याद नहीं

जगता हूँ तो स्वप्न भुला जाता है
सोता हूँ तो यह संसार
जाने कहाँ बिला जाता है
कभी यही भूल जाता हूँ
कि जागा हूँ या सो रहा

फिर भी
इस जनम में
तुमसे ही
बाकी सब
अपनी जगह पर है
इसलिए

मैं कहीं भी रहूँ
तुम यहीं रहना
मैं कुछ भी कहूँ
तुम यही कहना
मैं हूँ
मैं रहूँगी।

एक बार

बह जाने देना
उड़ जाने देना
अपने आप को
एक बार
तुम भी।

गुब्बारे-सा
हवा के बुलबुले-सा
हल्का होगा तुम्हारा मन
और कहीं भी जा सकेगा
बिला रोक-टोक
फिर—
प्रेम से इन्तज़ार में
इन्तज़ार से
मौन में
मौन से
निपट शून्य में
और तुम्हें लगेगा,
सबसे ताकतवर हो तुम
ऊपर और ऊपर
और ऊपर
उठते हुए...

अथक

अपने को बिना सुने
ना जाने कब से
बोल रही थी
मैं
जब देखा
तुम चुप हो।
जाने कब से
मैं बोल रही थी
और तुम चुप थे।
उस क्षण
तमाम शब्द
चुक कर
खिड़की के बाहर
कच्ची सड़क पर
बजरी से बिछ गये

बाहर
रोड रोलर के शोर में,
भीतर
तुम्हारा अनकहा
गड़गड़ाने लगा।

यह मैं

किसकी खोज
जो मिलता नहीं
कौन है जो
दिखता नहीं
कैसी आशा
कि घेरे बार-बार
ऐसी
निराशा
क्यों ये बेचैनी
कि है किस चैन की तलाश?
कहाँ वह प्रकाश
जिसका अभाव
यह अँधेरा
किससे करो शिकवा जब
नहीं कोई दूसरा
सिवा इकलौते
इस मैं के
...और
यह मैं कौन?

यात्रा

बोझिल
निंदियाती बस में
दीखा
उसे
अपना घर।

पास बैठी स्त्री
की उनींदी आँख
में
पलक झपकता
प्यार
और एक
नन्हीं आँख
में तिरती आती
नींद!

इस शहर में

एक गलत समय
और कितना गलत होगा अब
कोई सवाल सही नहीं इस समय
अपेक्षाएँ सभी गलत
दोस्त से दोस्ती की,
अपनों से प्रेम की,
सपने भी सब गलत
समय यह शिकायत के लिए
सिरे से गलत।
किसकी शिकायत किससे;
एक अप्रिय सच,
एक अवांछित चुप्पी,
गलत होगा बोलना
कुछ भी इस शहर में
जहाँ बातें होती हों इशारों में
आवाज काफी होगी तुम्हारी ताली की
एक हाथ से न बजती हो तो
दो हाथों से बजा सकते हो
बेशक वह अब भी सुनी जाती है
इस शहर में—
जहाँ बहुत अमन है
बहुत चैन है।

प्रेम उड़...

तुम
रात भर बोलते रहे
उसके बारे में
—प्रेम के।
कमरे में
बाकी सब सो गये थे।
मुझे राजदार बना
न जाने क्यों
अँधेरे में
तुम बोलते रहे
लगातार।
कभी-कभी
गड़बड़ा गयी मैं
हम दोनों में कौन बोला
बात तुम्हारी थी
तुम जो घनघोर प्रेम में थे
यूँ कहीं
सबकी थी
मेरी भी।
तुमने पूछा
प्रेम ने क्यों

आखिरी बूँद भी
निचोड़ ली थी
तुमसे
जैसे प्रेम
धोबी हो
रगड़ता
मसलता
पछीटता
और अन्तर
तार पर फड़फड़ाता
क्यों छूट गया था
आँगन में...
मेरी नींद-भर
फड़फड़ाता रहा फिर
रात के आँगन में।

सुबह
खिड़की के पार
रात को दोहराती—
कपड़े समेटती भाभी।

निंदियाती मेरी तर्जनी में
फुसफुसाता
एक पुराना स्वर—
चिड़िया उड़
हाथी उड़
चींटी उड़
कपड़ा उड़
प्रेम उड़...

तभी से

झाड़ के रंग से अलग
कब झरे ये
छत में बिखरे
रंग
भूल पिछला रूप
भूरे को चुना
साथ इनके
हवा के पर
रंग गये
फिर
हवा भूरी हो
फिरे है
तभी से।

सुख

शुरू से अख़ीर तक
सब कुछ गलत
कैसे हो सकता है

महीने में एकाध दिन
कुछ कुछ सही
लगता है
संसार में आना
अब भी।

अलग-अलग शहरों में
जमुना और मैंने
एक साथ सोचा
बुरे से बुरा हुआ
तो भी
उतना बुरा न होगा
जीवन में
सुख तो होगा ही।

इन्तज़ार

टीस की तरह
आयी उसकी याद
तर्जनी के कुछ गहरे कट गये नाखून
के दर्द-सी
कभी चड़कती
कभी बिला जाती।
दर्द जिसका
कुछ नहीं कर सकते
सिवा एक इन्तज़ार के
कि नाखून
फिर बढ़ जाए।

नाखून बढ़ते हैं
अपनी गति से
—घाव भरते हैं
कहते हैं
नियति से
यूँ ही डरते हैं लोग
और हर दिन
मरते हैं।

कोई और नहीं

एक ही साँस में
कहता
अकेला होना चाहता हूँ
और यह भी
कि डरता हूँ
अकेले होने से
डरने से
मरने से

मरता हूँ
इस डर में
अकेला
मैं
और कोई
यकीन नहीं करता।

वह

वह ऐसी ही है
................थी
ऐसी ही हो सकती है।
समझता हूँ उसे
जैसी वो है,
मेरी कामना से परे
अपने में अलग
समझता हूँ...
पर
ये अपार समझ
दोनों के बीच
कोई तार नहीं जोड़ती
इतनी घनी
इतनी अनिवार्य, इतनी
व्यर्थ...
समझ।

वे कहते

भाषा न होती
तो भाषा की लाचारी न होती
न शब्द अधूरे
न अर्थ बँधे हुए
कहना–सुनना तो फिर भी होता
जीवन हो सकता है
कुछ और हुआ होता
होना तो तय है
वे कहते
पर क्या...
ये हो जाने पर ही कहते
कि
बहुत से हो सकने में
वही होता
जो हुआ
उसी को होना था
हो चुकने पर
अजीब लगता कहना
कि यही होना था
कि यही होनी थी

कोई नहीं मानता
यदि वे कहते
कि यही तय है
होना
जो हुआ,
जो होता है
अन्ततः।

इसीलिए
वे कुछ नहीं कहते।

लेखक से पाठक

कहानी का सुख
जीवन का दु:ख
इस पर्चे में
दोनों में चुनाव है
तुम्हारी कहानी के
प्रेम
समझ
सुख
शान्ति
सुन्दर हैं।

जीवन से
कुछ नहीं चाहिए।

हो सकता है

जैसे झूठ नहीं थे
वे दिन
हो सकता है
सच न हों
ये दिन भी
फिर भी
हर दिन
थोड़ी
और
धुँधलाती
पहचान
तुम्हारी
मेरे
आईने में।

गो कि

सुना था
मैंने
कि चुनते हैं
कि बुनते स्वयं
अपना जाल
हम
कि रचते स्वयं ही इस
काल का जंजाल
हम

सोचता फिर
चुना क्या?
किसने
किसे
तुमने मुझे
मैंने तुम्हें
या... ?

गो कि
फर्क कुछ
पड़ता भी हो
इस बात से
अब...!

विदा

विदा कहने
गाड़ी पर जाना था
नहीं गया।

हाथ हिला
जो
घर के अगले मोड़ पर से
ओझल होते
दुपहिये को
बहुत आगे कहीं तक
छोड़ कर
लौट आया

अच्छा नहीं लगा
कि
उसे भी
बुरा ही लगा होगा।

रात-दिन

क्यों दिन
दिन था
रात नहीं था

क्यों
हर दिन
अगले से उतना ही
जुड़ा
विलगा
जितने
कोई भी
विलोम
जैसे
प्रेम-घृणा
सच-झूठ
धरती-आसमान
तुम-मैं।

भोरी

भोरी,
दाल चढ़ा दे
मेरी कमीज कहाँ है भोरी?
अम्मा भूख लगी है...
भोरी, बने तो आ कर हफ्ता यहाँ रह जा
आज फिर नमक तेज कर दिया
कुछ मिलता क्यों नहीं यहाँ...
घर है या कबाड़खाना
दरवाजा तो देख कौन भड़भड़ा रहा है?
ओह, मेरी पीठ...भोरी

कितने छोटे हो गये हैं दिन
जाड़े की बस यही मुश्किल है।

सुर-1

इस दरिया में
डूबे,
वो उतराये क्यों?
इतराये क्यों न?
घबराये क्यों?
तर गये क्यों न?
आर
पार
या मँझधार?
या
अनजान क्षितिज वो
जहाँ पहुँच
बिसरे बाकी सब
उस पंचम के सिवा
जो हंसध्वनि में लगना है?

सुर–2

एक बार
जो
इसका हुआ
किसी का न रहा
अपना भी नहीं
वो केवल
एक से दूसरे पर
जाते रहने को
बाध्य है
ऋषभ के आगे
गान्धार के आगे
मध्यम के आगे, पंचम के आगे
धैवत के आगे
और कहाँ?
कहीं और नहीं
ये बरजते हैं।

शिशु

उजली हँसी
तेरी
छलक कर
बह गयी
बाढ़-सा
छा लिया
सब कुछ
धुला
बासी
बरस
सारा
चमचमाता
नया होता
परस।

कब तक

कब तक
अपने लोगों में अपरिचित
अपने मेले-ठेलों में
सैलानी
अपनी ही बोली में
निःशब्द!

कितना और दूर जाना होगा
लौटने के लिए!

हवा

हल्की हवा का चलना
पत्तों का हिलना
पानी का लहरना
हाथ के रोयों का सिहरना
इनके बिना भी हवा
बहेगी पर
दिखेगी कहाँ?

दिन–रात

दिन ढले
कैसी उदासी?
बिन जले
कैसी उजासी
रात!

लोप

सूर्य को धोखा हुआ—
रंग बदलना बादलों का
गिरगिट देख चुप रहा
उड़ गये तोते सभी
पर
बोलता पीपल रहा,
बस
समय से पहले ही उस दिन
लोक का दिन
ढल गया।

सके तो

अनकहे
को
कुछ भी
हो सकने की
छूट!

लूट!

सके
तो

लूट!

शहर

नये शहर में
कुछ और तरह
खुलूँगी
जैसे शहर ने बाँध रखा हो
अब तक

बहुत कुछ
बदल,
सँभल जाएगा
अपने आप
शहर के बदलते ही।

रात की स्मृति में

सुबह के लिए
रात भर
सो न पाती
रात
की
स्मृति में
हैं
वे शहर
जहाँ
कोई न कोई
हमेशा जगा हुआ है।

चेहरा

बस इतना ही
कि मुड़ कर देखूँ
तो
वही चेहरा
दिखे।

फिर

कह गये बहुत
कुछ कम कहना था
हर बार वही
कि
चुप रहना था।

वाक़ई

समय के बाहर
कई चीजों का अर्थ नहीं रह जाता
आज नहीं कहना
जो
कल कहना था।

ये ज़िद कि प्रेम

लगता है
प्रेम था
कभी
अभी-अभी
अब केवल
चढ़ते सूरज में
सिकुड़ती
सिमटती
परछाईं-सी
उसकी ज़िद।

साथ

साथ हो
जब साथ नहीं है।
कुछ बात हो...
....
ये बात नहीं है।

सूर्यास्त

पल-पल
बदल रहा है
आसपास

साथ-साथ
मैं भी।
अलग
इतना ही
कि
देख रही हूँ
हर पल
खुद को
यूँ
बदलते
ढलते।

और कब तक?

छाता
टूटा है
तो
बारिश भर
भीगते रहोगे?

भागते रहोगे?

कब तक
जागते रहोगे?

कहो

हरदम
क्यों बँधे रहते हैं
होलडॉल, सूटकेस, बैग
तुम्हारे?
कहाँ
चली जाने वाली हो
अचानक एक दिन
तुम?

मैं–तुम

आते देखा
तुम्हें
न
जाते ही देखा

बस
अचानक
खुद को खुद से
बतियाते
ही
देखा।

तुम

तुम
कोई हो
किसी के साथ
कहीं भी हो।

मैं
अपने साथ
पूरा
...अधूरा
कोई नहीं?
कहीं भी तो नहीं।

निष्कर्ष

मैं
गलत
हो
सकती
हूँ

जैसे
तुम
सही
हो
सकते
हो।

जागरण

जागते रहो
कि
दुःस्वप्नों से
दूरी रहे पूरी
नींद भले ही
आधी
अधूरी...

पड़ाव

अजाना शहर
दो पहर
रात!
बस-अड्डे के धुँधलके में
स्वागत को आया
जाना-पहचाना
एक स्वर
पड़ाव-सा।

पुनर्जन्म

सूर्य की तरह
चन्द्र की तरह नहीं
सब कुछ
एक एक हो
हर बार
केवल एक जन्म
एक ही मृत्यु।

जीवन

एक अकेला जन्म
एक अधूरा मनुष्य
एक पूरा जीवन
अनेक सम्भावनाएँ
और फिर
बस...
अन्त?

कहना एक बात है

कहा गया
अकसर
कुछ और कहते-कहते
कहा जाता है
जो कहते
उससे बचा हुआ
रहा आता है
सुना भी स्साला...
वही जाता है
जो कहा जाता है।

मानो तो

ऐसे
जो नहीं है,
स्मृति में सुख है
उसके फिर
अपने ही दुःख हैं
जानना दुःख को
मानो तो
सुख है।

जब

दिन-दिन
दूर होता
वह
बहुत दूर
चला गया।

सुदूर उत्तर का यात्री
अपना वृत्तान्त
तब
आप
बन गया।

बसन्त

फूल
फिर फल भार
पतझर
ठूँठ फिर
उजाड़ बीहड़
दियाबारी,
अन्धकार

आ
गया
बस अन्त।

बाहर-भीतर—1

भीतर कोई है
जो
तुम्हें
जानता है।

इससे
बाहर
हम
आज ही
मिले।

बाहर-भीतर—2

मैंने कहा
...नहीं
तुमने कहा
भार है कोई
जो
हटता नहीं

मैंने कहा
...नहीं
तुमने सुना
हल्का है कुछ
जो
उड़ाये लेता है।

कविता–1

जैसे
शब्द
छोड़ते
साथ

जैसे
अर्थ
जोड़ते
हाथ।

कविता-2

कहना है
पर
शब्द नहीं है
शब्दों में
वे
अर्थ नहीं हैं
लगता है...
...है
....
नहीं है।

रात–1

दिन तुम्हारा
रात में
क्यों
घुसा
आता है

रात मेरी
बात
कैसे
ये
कहे!

रात–2

बात
क्या है
बात
जो
होती नहीं
तुम तो
सोते
रात क्यों
सोती नहीं?

रात–3

रात लम्बी
नींद गहरी
दोस्ती पक्की पुरानी
तुमसे पहले है जो
कैसे तोड़ दूँ?

कहो तो
तुमको भी
इसमें जोड़ दूँ
व्यथा को
इस कथा को
इस
एक करवट
छोड़ दूँ!

रात–भर

अनाहत–सरकता समय
आकाश में सप्तर्षि
स्पर्श अनसुने
अनकहे शब्द
कोलाहल भोर का
अपलक दृष्टि
जग पड़ी सृष्टि

सँभले रहें ऐसे ही
शब्द बिम्ब ये
शब्द तो
आधे–अधूरे
अपंग।

अचानक

हम
साथ-साथ बढ़ते
पर एक दिन
अचानक
तुम बड़ी हो गयी।

मुझे छोड़
ये सबको दिखा
और
इस बीच
बराबरी करती रही
पुराने दिनों सी
मैं।

घर

घर में
जाले थे
घर में
दीमक थी

जाले में झूलती
मकड़ी एक।

दीमक भी
किसी का
घर थी।

अब घर

मेरे
होने से
तुम्हारे
न होने से
नाराज
घर

अब
लौट
आओ।

खिड़की से

सूरज को पीछे सरका
बादल छा गये
परछाईं की खिड़की से
कूद कर भागा
खरगोश
लौटा
तो
खिड़की
नहीं
मिली।

धूप-छाँह

भूला हुआ तीन दिन का
याद फिर आया
सूरज
बस
इतने में ही
ऊब गये
बरसात से।

अन्त

अचानक
एक दिन
जैसे
नहीं मर जाता कोई
थोड़ा-थोड़ा
हर दिन
मरता जाता है

एकाएक
नहीं चला आता
हर अन्त भी
खत्म नहीं हो जाता
सब कुछ
पल में

पर फिर
अभी कल ही तो
सब ठीक था
और आज
कुछ भी नहीं?

नहीं से शुरू

थकते नहीं
तुम
कभी
इस विद्रोह से,
इस विरोध
—इस क्रोध से?

हर बात से
असहमत
हर वाक्य में
इस 'नहीं' से

डरते नहीं
माना किसी से
तुम

डर जाता है
वाक्य ही
डर जाती है बात ही।

आज–1

फलवाली ने
देख कर न देखा
गोल-गोल आँख वाले बच्चे ने
भाव नहीं दिया
चौकीदार भी धुत्त धुँधलके में
पहचान नहीं पाया
रिक्शा वाले ने रुपया नहीं लौटाया
चप्पल भी
आज ही टूटनी थी ससुरी
कहा था मैंने
रिवाज यूँ ही नहीं बन जाते
शनिवार को बाल नहीं कटवाते!

आज–2

लिखा है जब
तो शनिवार ही होगा आज
—कालनिर्णय का शनिवार!

वरना साबित करो
कि कुछ और है
कि शनिवार नहीं

या कि
इससे
कोई फर्क नहीं पड़ता।

राह में

मिले
बिछुड़े
राह में
ज्यूँ
फिर मिलेंगे कहीं
अगली बार
तो
पहचान थोड़ी
रहे बाकी—
सुबह में के
स्वप्न की-सी
याद धुँधली
कौंध-सा चेहरा
झपक
फिर
अँधेरा गहरा।

कागद लेखी

भले ही
भूल-सा
हर दिन लगे।
अपशकुन
हर क्षण।
जीवन
कुल जमा
ईंधन
में दुबकी
आग है
बड़भाग
कि संसार है
जनम नहीं मिलता ये
बारम्बार है।

कमरा

पुराना
काला चोंगा
टेलिफोन का,
उसके नीचे दबे
कागज़ के टुकड़े पर
लिखे दो नम्बर
600005, 500006,
एक गुलाबी पेन
धागे से बँधा हुआ,
उस अँधेरे कमरे
का
अझेल सन्नाटा
नहीं तोड़ पाते।

आज भी दिन

आज भी दिन भर गया
खाली
चढ़ाई, धूप
और गुफा के अन्दर का अँधेरा
उतार, शाम
ट्रेन का इन्तज़ार
वापसी
अपने शहर।
स्मृतियाँ भरती
गयीं।
दिन में
और दिन भर गया
पिछले साल को
भुलाने में

यूँ ही
कुछ नहीं किया आज।

मैं नहीं

चिट्ठी नहीं लिख सकता
मैं...वो...
कुछ नहीं...
तुम...समझती हो न
क्या बोलूँ...तुम
जानती तो हो
और कुछ नहीं
यूँ ही...
सोचता हूँ...खैर
मेरी फिक्र मत करना...मैं
ठीक हूँ
तुम कैसी...
तुम भी...
ठीक ही होगी।

मैं

मुड़ के देखा
तो रह जाओगी
थोड़ा
यहाँ भी।

न देखा
तो
रह जाऊँगा
अधूरा,
पूरा मैं
पीछे,
बहुत पीछे
तुम्हारे।

नहीं

आज नहीं
अभी नहीं
कभी नहीं
तुम्हारी नहीं
मेरी नहीं
हमारी नहीं
सच
फिर भी
मौत
जीवन पर
भारी नहीं
हारी नहीं
अब भी
मैं
बात।

क्यों?

मैं जुड़ा हूँ

इससे,
इसलिए

उससे,
उसलिए

और
मुझसे
कई,
किसलिए?
इसलिए
प्रेम
फिर भी,
अकारण ही
जिसलिए
जिस भी लिए।

अगर

किसी दिन
कहीं खो गयी
अगर तुम
तो
छोटी-सी
गोल दुनिया यह
बड़ी हो जाएगी!
जैसे
बड़ी हो गयी
मैं
'उस दिन' के बाद से
कितनी बड़ी!

सब ठीक है

कहो कुछ
....
कथा-सा
कुछ भी कहो

ये नहीं...
इससे इतर, बस
और
जो चाहो
कहो
सब
ठीक
है।

हर दिन

यह दिन
सब दिन अगर
हो सकता।
कितना लम्बा
यह दिन
जाने कब से
चलता
यह दिन
सब दिन

हर दिन
वही
इन्तज़ार
कल का
कल फिर
कल का
थकती क्यों नहीं
मैं?

रूपान्तर

हाथों से फिसलता आसपास
लौटते सूरज का आकाश
पिघलते रंग
घिरता
अन्धकार

मंच पर
अर्थ से दूर
भागते
शब्द
लगातार।

मंच परे
भाषा
थक
हार
लाचार।

चिट्ठी

मत दिखो
चाहो तो
मत लिखो
मान लो इतना मगर
स्वर्ग में भी
सुख नहीं यह
जान लो
शब्द मुँह भर
एक ही के
एक ही तक
सुख
लिफाफा खोलने का
बाँचने को
अनकहा!

गति

लगे जब
थम गया सब कुछ
—धरती घूमती
अपनी धुरी पर
है।
क्यों नहीं थमती
नहीं रमती
कभी वह
एक पल को भी
किसी ठहराव में?

दोहराव में
हर दिन
पे चढ़ती रात
हर दिन दौड़ता पहिया
धरा के पाँव का चक्कर।

मगर
फिर भेद क्या गहरा
स्मृति के
भँवर को पहरा

घना कोहरा
भरा चेहरा
तुम्हारा
क्यों
ठिठक
ठहरा ?

अपनी जगह

ख़ाली
सुई भर
अपनी जगह की
नोक गड़ती है।
स्वप्न में की दरी
हरी घास
पैरों-तले दबती है
और एक दीवार
खाली जगह में
रंगों के जैसे
जगह भरती है।

धूप धुले
आईने में
आसमानी जगह
रोशन
ज़री जगमग
हाथ सोलह नाप
जाते तार रेशम—
जगह
बसती है।

लगातार

आज
कल
और परस

बीतता फिर
रीतता
यह बरस
—यूँ हर बरस।

बीतना रुकता नहीं
चुकता नहीं
यह रीतना

नहीं भीतर
रीतने को
बचा जब कुछ भी
तो फिर
उलीचता क्या

बीतता तो काल
लेकिन रीतता क्या?

मुँह को पता था

फोन पर
उधर से आती हिचकी में
इतना अवसाद था
जैसे
अन्त सब कुछ का आ कर
अचकचा गया हो उसे

सान्त्वना वाला मुँह मेरा
खुला नहीं
कि कहे
जो कुछ भी
सुन्दर था
कभी
याद करो उसे

मुँह को पता था
दुःख में सुख
कुछ करो
याद नहीं आता
जैसे
सुख में दुःख
का ख़्याल भी
जाने कहाँ बिला जाता है।

रंग

नीला
हरा
पीला
लाल
भूरा
केसरी
धानी...
इनसे खाली सफेद
इनसे भरा स्याह
कुछ नहीं
और
सब कुछ के
इन दो रंगों के बीच
हर दिन
थोड़ा-थोड़ा होते हुए
बाकी के सारे रंग

जैसे सुबह-शाम
लाल से चल कर
लाल को लौटता सूरज।

बारिश

सड़क की रोशनी में
पानी बरसता दीख रहा था
बूँदों के झुण्ड के झुण्ड
हवा के साथ
दरवाजे के इधर-उधर गिरते
शोर मचा रहे थे।
कवि मुसलसल बाँच रहा था
अपनी नयी कविताएँ
चौखट पर चप्पल जूते सील गये थे,
बच्चे निंदिया रहे थे,
माँ मगन थी खिड़की से बाहर,
बाहर मगर स्कूटर भीग रहा था।

असंवाद

अभी हैं
अभी नहीं हैं
होना
न होना
कितना सहज था,
आँखें बन्द करके
छुप सकते थे
बचपन में।

अब इतना भर कि
बगल में बैठे
व्यक्ति को तक पता न चले
हमने अभी-अभी
बन्द आँख
क्या सोच डाला।

जाओ वहाँ
न जाने कहाँ
लाओ उसे
न जाने किसे

कहाँ?
किसे?

निःशब्द

कहते-कहते
चुक नहीं पाओगे
सब कुछ कह नहीं पाओगे
कुछ अनकहा
फिर भी
छूट जाना चाहेगा
यूँ कि
कहा
जो
हवा में
कोई फूँक-सा
उसे सुन ले,
झरने की झिलमिल
छाया में,
पानी पर
ततैया के खेल-सा
मन में
छूट जाए।

□□□